A DOSE DO DIA
(A DOZEN A DAY)

**Exercícios técnicos
PARA PIANO
a serem executados todos os dias
ANTES da aula**

por
Edna - Mae Burnam
Tradução de Bruno Quaino

**3º LIVRO
(Intensivo)**

Nº Cat.: BQ069

© Copyright 1956 by THE WILLIS MUSIC CO. - Cincinnati (Ohio) - USA.
International Copyright Secured - All rights reserved.

Publicado sob licença de Hal Leonard Co.

Todos os direitos reservados,
para língua portuguesa no Brasil, a

Irmãos Vitale Editores Ltda.
vitale.com.br
Rua Raposo Tavares, 85 São Paulo SP
CEP: 04704-110 editora@vitale.com.br Tel.: 11 5081-9499

CIP-BRASIL. CATALOGAÇÃO NA FONTE
SINDICATO NACIONAL DOS EDITORES DE LIVROS - RJ.

B919d

  Brunam, Edna-Mae, 1907-2007.
    A dose do dia : exercícios técnicos para piano a serem executados todos os dias antes da aula, 3º livro (intensivo) / Edna-Mae Brunam ; tradução de Bruno Quaino. - 1. ed. - São Paulo : Irmãos Vitale, 2013.
  52 p. : il. ; 28 cm.

  Tradução de: A dozen day
  ISBN 978-85-7407-389-7

  1. Música. 2. Música para piano. 3. Partituras. I. Título.

13-04793   CDD: 786.2
                                                                                                          CDU: 78.089.7

02/09/2013   04/09/2013

INDICE

GRUPO I 7
1. Tire As Cobertas E Pule Da Cama!
2. No Chuveiro (Que Frio!)
3. Bastão Indiano
4. Andando No Trapézio De Argolas
5. Escalando (Parado No Lugar)
6. Treinando Laço
7. Descendo Escada
8. Rodopiando O Bastão
9. No "Punching Bag"
10. Respirando Fundo
11. Fazendo Piruetas
12. Agora Estou Pronto Pra Tocar Vamos A Aula Começar

GRUPO II 15
1. Respirando Fundo
2. Pulando No Cavalo De Pau
3. Pulando Do Cavalo De Pau
4. Treinando Golf
5. Levantamento De Peso
6. Salto De Altura Com Vara
7. Escalando (Parado No Lugar)
8. Pulando Corda
9. Spaccato
10. Subindo E Descendo Escada
11. Fazendo Piruetas
12. Agora Estou Pronto Pra Tocar Vamos A Aula Começar

GRUPO III 24
1. Treinando Basquete
2. Rolando No Chão
3. Pulando Corda Francesa (Duas Cordas)
4. Correndo
5. Passinhos Do Bebê
6. A Passada Do Papai
7. Rolando O Aro
8. Respirando Fundo
9. Escalando (Parado No Lugar)
10. Subindo e Descendo Escada
11. Alcançando Bem Alto
12. Agora Estou Pronto Pra Tocar Vamos A Aula Começar

GRUPO IV 34
1. Ping-Pong
2. Flexionando Os Braços Pra Fora e Pra Dentro
3. Exercício De Natação (Treinando As Pernas)
4. Exercício De Natação (Treinando A Braçada)
5. Exercício De Natação (Treinando O Fôlego)
6. Andando Nas Pontas Dos Pés
7. Rodopiando Num Pé Só
8. Respirando Fundo
9. Fazendo Piruetas
10. Subindo e Descendo Escada
11. No Boliche
12. Agora Estou Pronto Pra Tocar Vamos A Aula Começar

GRUPO V 42
1. Respirando Fundo
2. Saltando Obstáculos "C" "E" e "G"
3. Subindo E Descendo Escada
4. Andando De Pernas De Pau
5. Saltos Longos
6. Jogando Bilboquê
7. Chutando Pro Alto
8. Seguindo O Líder
9. Salto Mortal
10. Balançando No Trapézio De Argolas (Mas Andando)
11. Esqui Aquático
12. Agora Estou Pronto Pra Tocar Vamos A Aula Começar

Muitas pessoas fazem exercícios todas as manhãs antes de sair para o serviço.

Da mesma forma, devemos exercitar nossos dedos todos os dias antes de iniciar a aula de piano.

O objetivo deste livro é auxiliar o desenvolvimento de mãos fortes, dedos flexíveis e precisão de toque.

Os exercícios de dedos devem ser praticados inicialmente devagar e com pouca força, para depois ir intensificando gradativamente tanto a velocidade quanto a força.

Os exercícios de acordes devem ser feitos alternando *mp*, *mf* e *f*, numa velocidade moderada.

Não queira tentar aprender os primeiros doze exercícios de uma vez; estude apenas dois ou três exercícios e pratique-os todos os dias antes de começar a sua aula de piano. Quando esses movimentos estiverem bem dominados, passe para o próximo e assim por diante, até conseguir fazer os doze exercícios com perfeição.

Quando a primeira dúzia, ou o Grupo I, estiver assimilado e sendo praticado com perfeição, o Grupo II poderá ser iniciado, seguindo a mesma conduta.

Quando o método inteiro estiver concluído, quaisquer dos Grupos poderão ser transpostos para outras tonalidades. Aliás este é um procedimento que aconselhamos.

Edna-Mae Burnam (✭1907✞2007)

Grupo I

1. Tire As Cobertas E Pule Da Cama!

(Off With The Covers And Out Of Bed!)

Primeiro tempo-*mp* - água quente
Segundo tempo-*f* - água fria

2. No Chuveiro (Que Frio!)

(In The Shower-Shivering-)

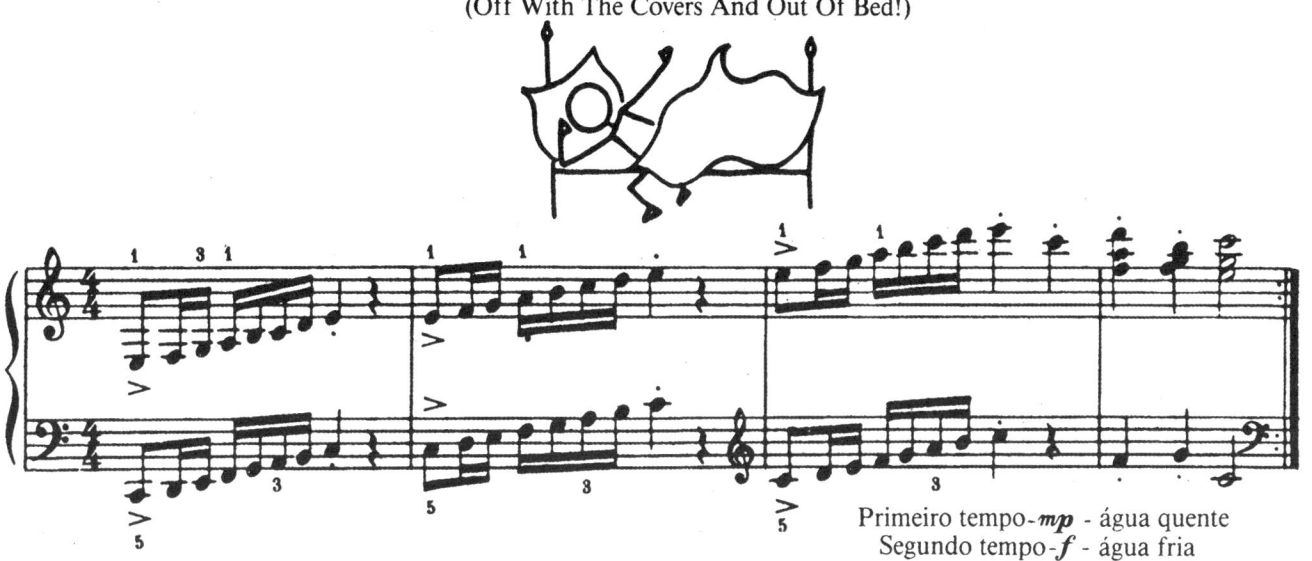

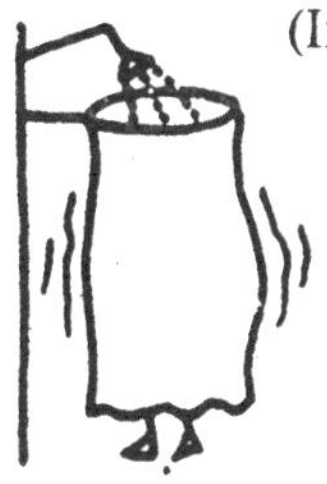

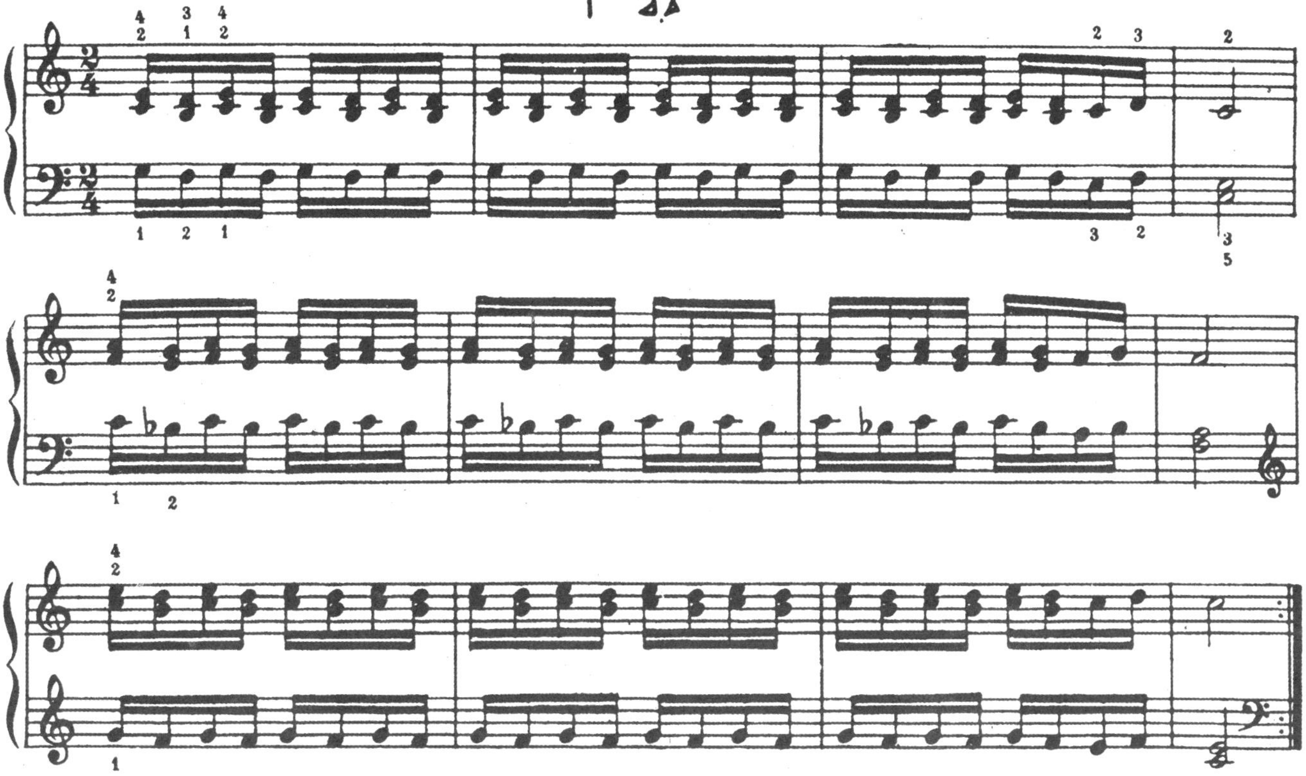

5. Escalando (Parado No Lugar)
(Climbing - In Place-)

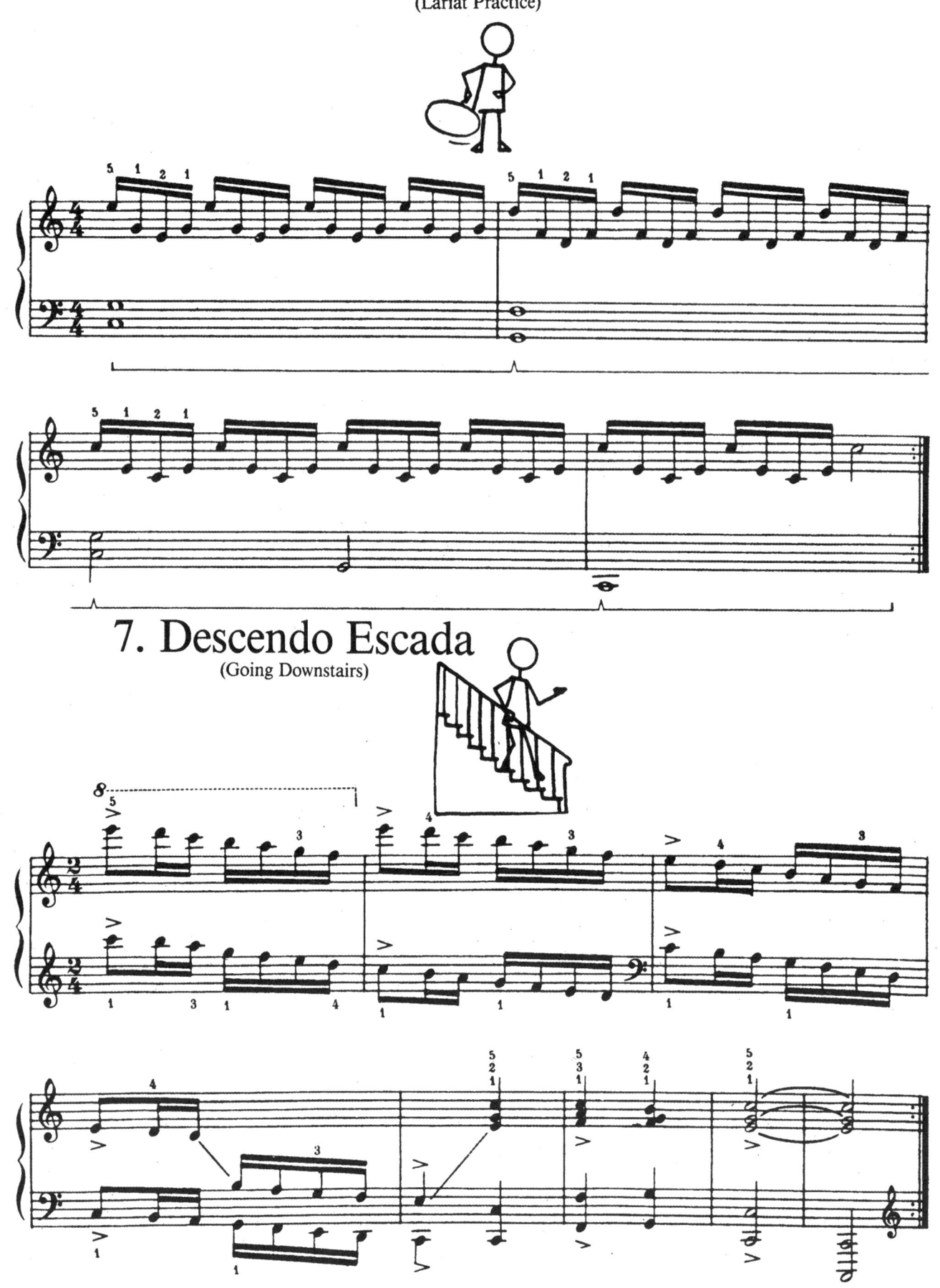

8. Rodopiando O Bastão
(Whirling A Baton)

9. No "Punching Bag"

10. Respirando Fundo
(Deep Breathing)

11. Fazendo Piruetas
(Cartwheels)

12. Agora Estou Pronto Pra Tocar Vamos A Aula Começar
(Fit As A Fiddle And Ready To Go)

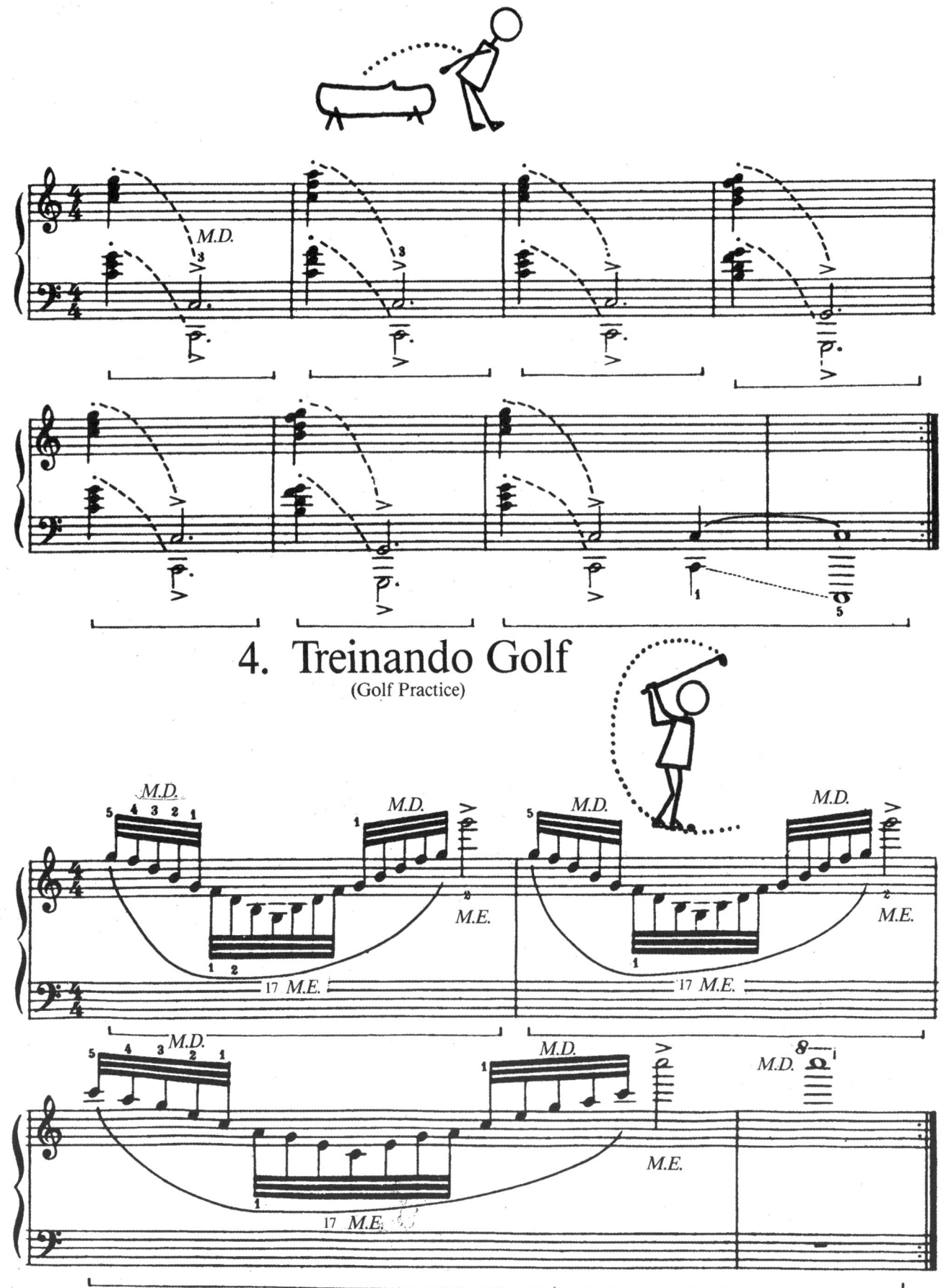

5. Levantamento De Peso
(Weight Lifting)

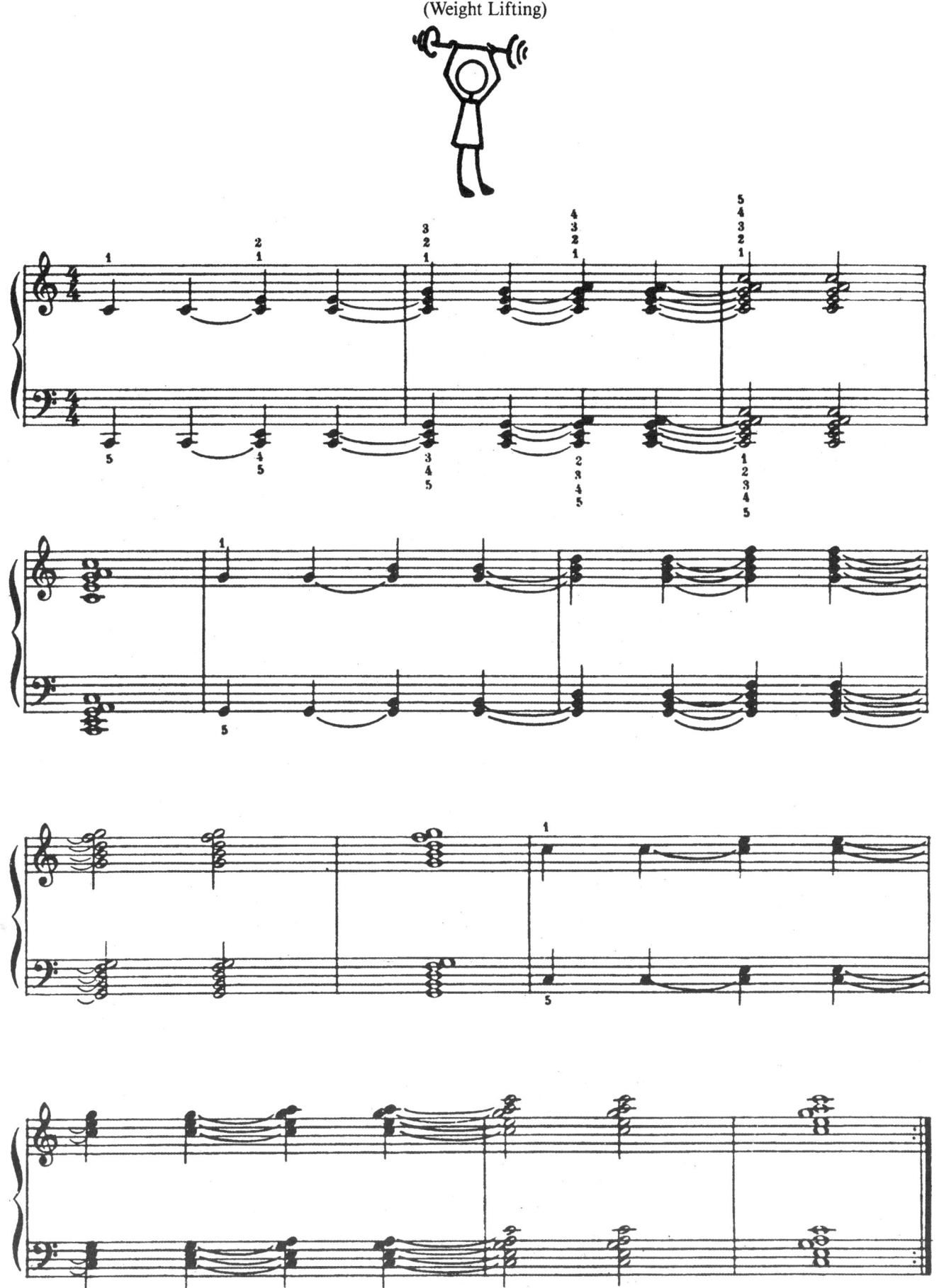

6. Salto De Altura Com Vara
(Pole Vaulting)

7. Escalando (Parado No Lugar)
(Climbing - In Place-)

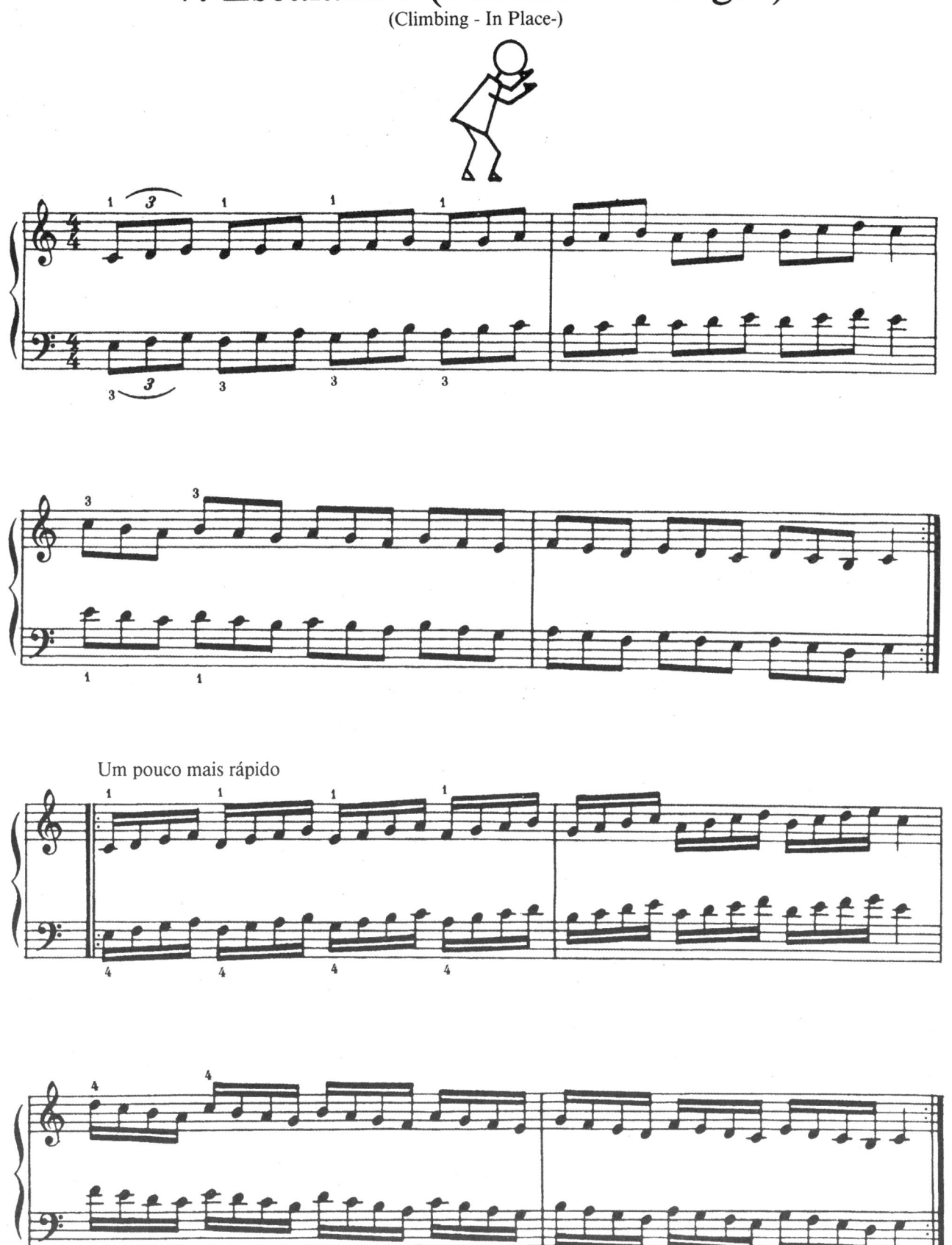

8. Pulando Corda
(Jump Rope)

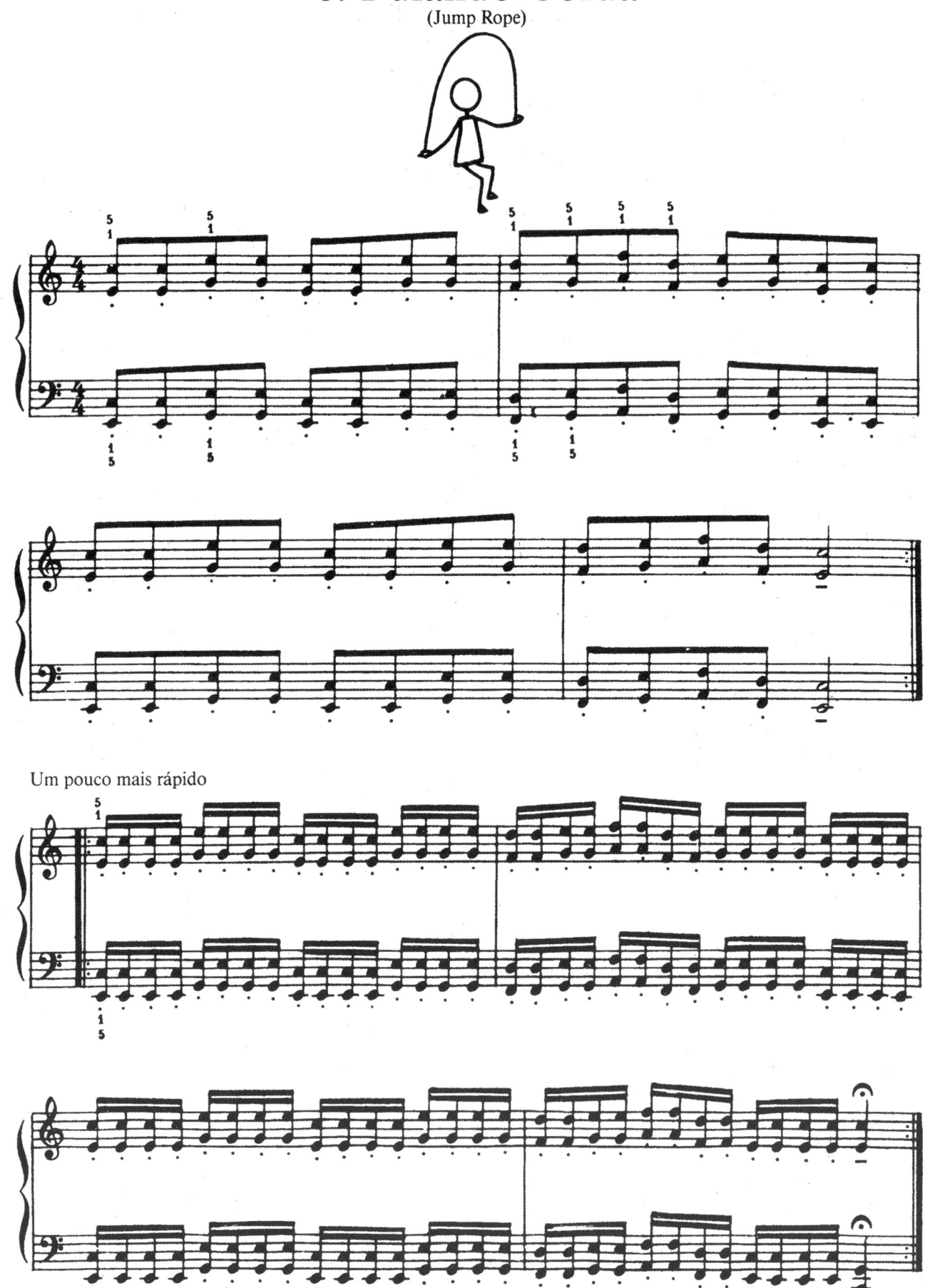

Um pouco mais rápido

9. Spaccato
(The Splits) (Le Grand Écart)

12. Agora Estou Pronto Pra Tocar Vamos A Aula Começar
(Fit As A Fiddle And Ready To Go)

Grupo III
1. Treinando Basquete
(Basket Ball Practice)

5. Passinhos Do Bebê
(Baby Steps)

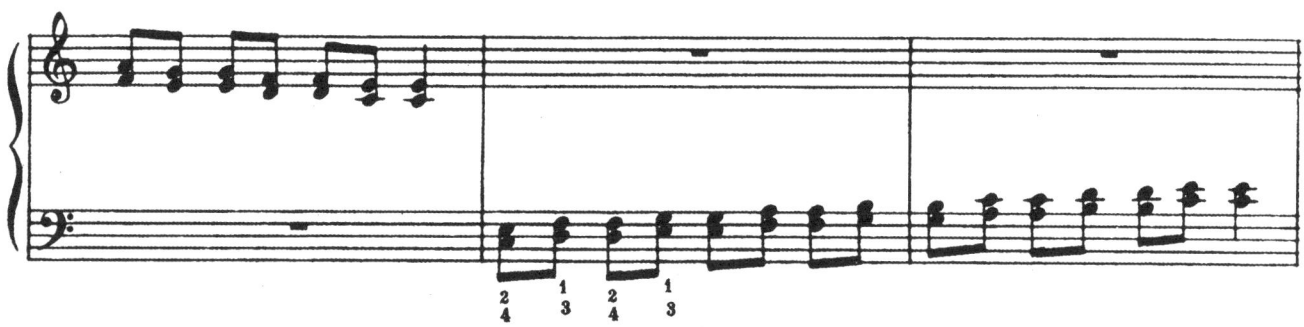

6. A Passada Do Papai
(Daddy Longleg Steps)

7. Rolando O Aro
(Rolling A Hoop)

10. Subindo E Descendo Escada
(Going Upstairs And Downstairs)

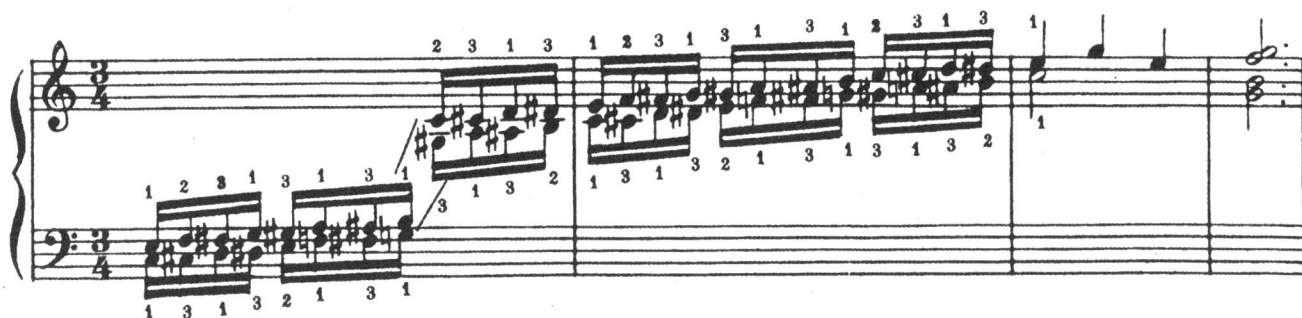

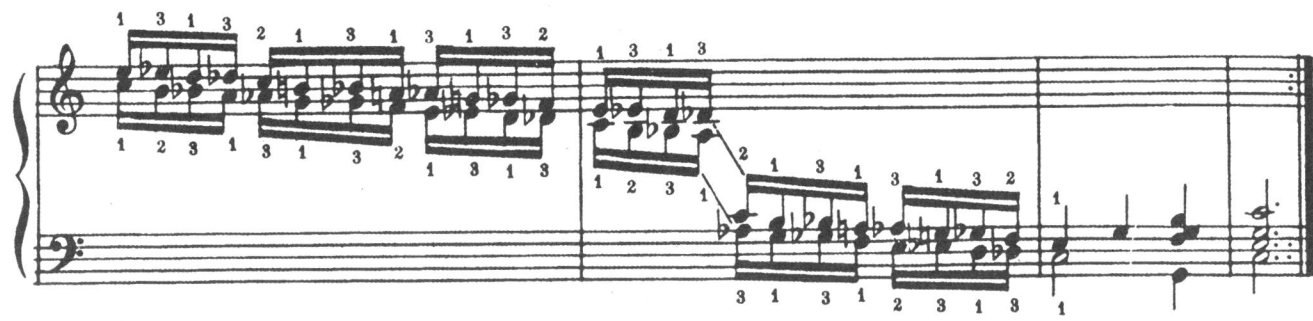

11. Alcançando Bem Alto
(Reaching Up Very High)

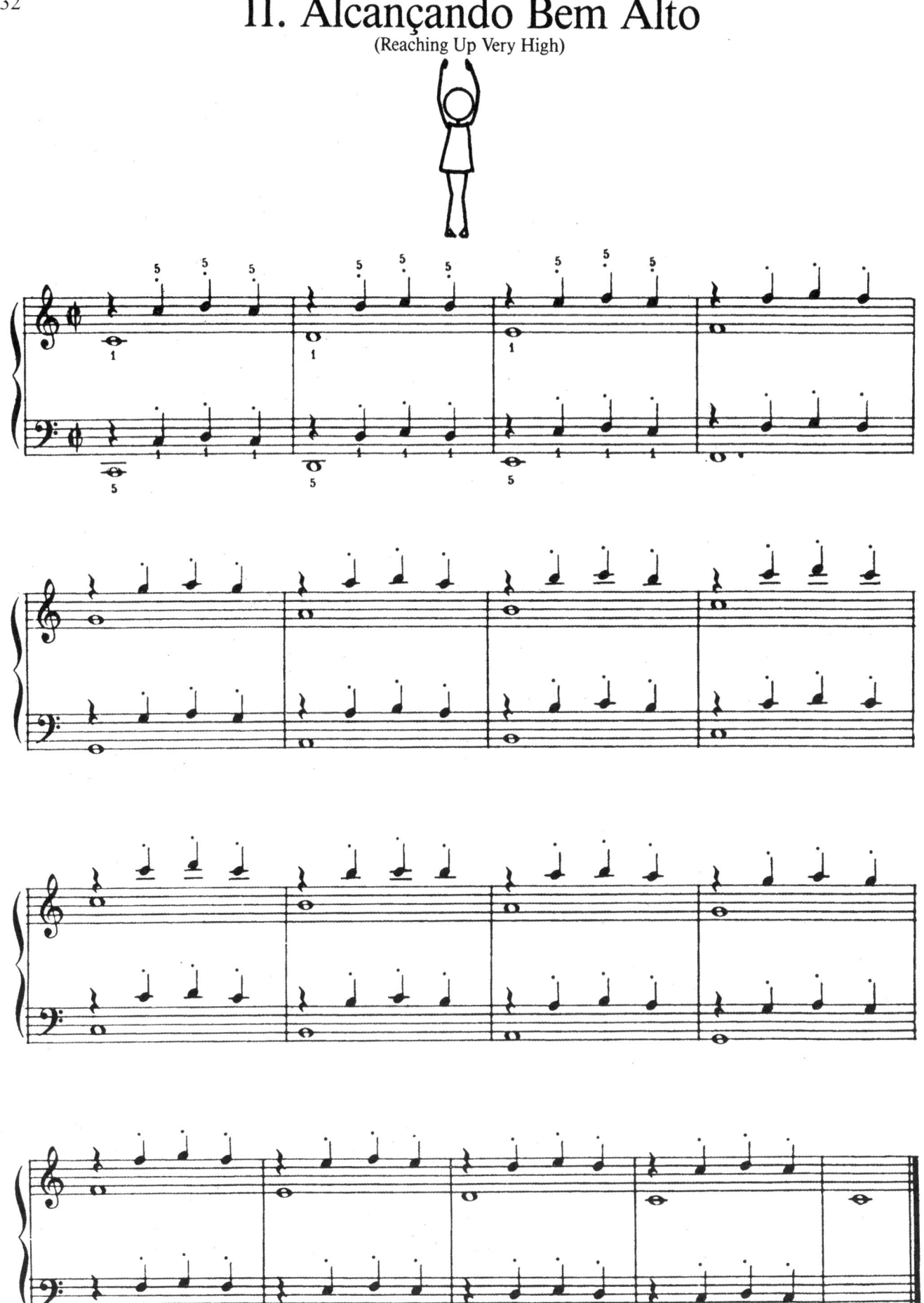

12. Agora Estou Pronto Pra Tocar
Vamos A Aula Começar
(Fit As A Fiddle And Ready To Go)

3. Exercício De Natação
(Treinando As Pernas)
(Swimming Exercise - Flutter Kick -)

4. Exercício De Natação
(Treinando A Braçada)
(Swimming Exercise - Arm Stroke -)

5. Exercício De Natação (Treinando O Fôlego)

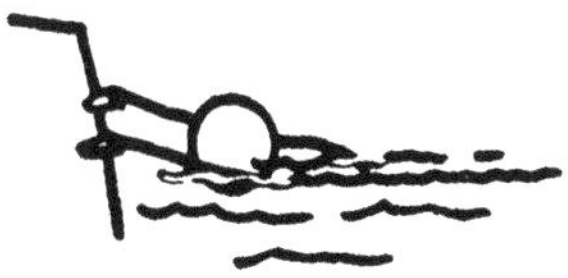

(Swimming Exercise-Breathing-)

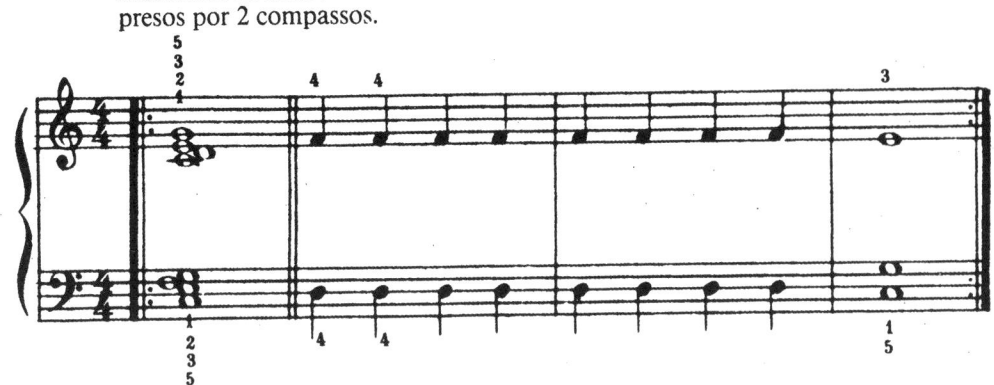

Mantenha os dedos presos por 2 compassos.

Pegue um fôlego rápido emergindo e submergindo a cabeça na água. - 8 vezes -

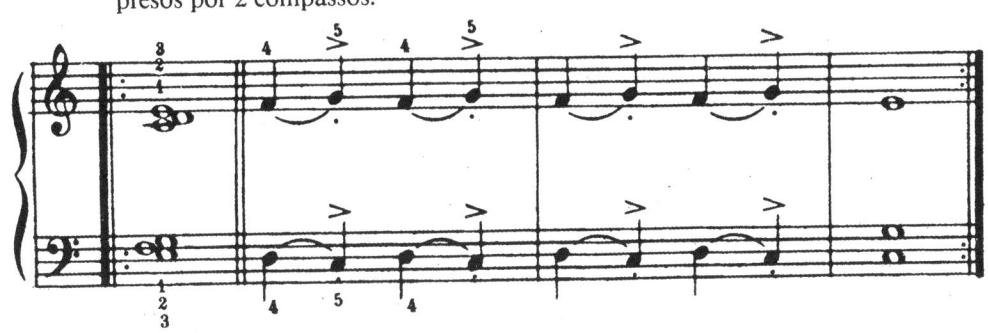

Mantenha os dedos presos por 2 compassos.

Pegue um fôlego rápido emergindo e submergindo a cabeça na água. - 4 vezes-

Mantenha os dedos presos por 2 compassos.

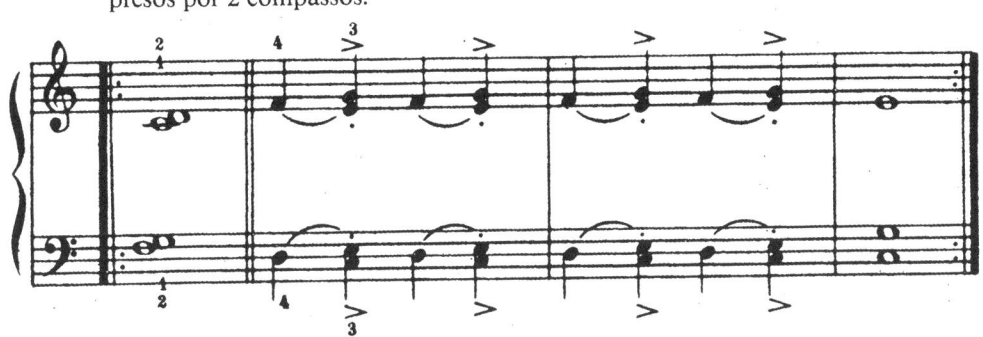

Pegue um fôlego mais longo - 4 vezes -

Mantenha os dedos presos por 2 compassos

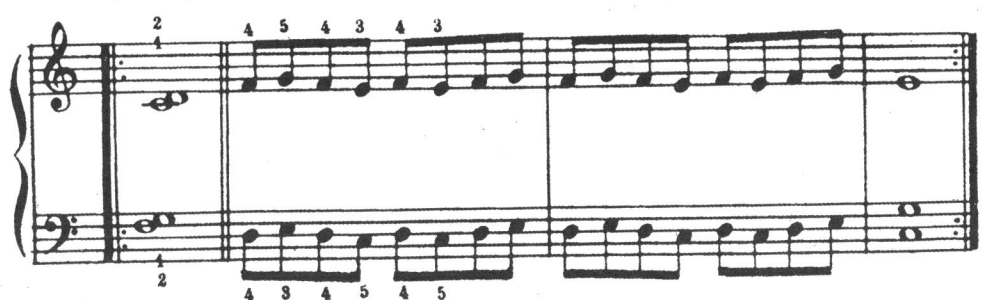

Pegue vários fôlegos por igual

6. Andando Nas Pontas dos Pés
(Walking On Toes)

7. Rodopiando Num Pé Só
(Twirling On Toe)

8. Respirando Fundo
(Deep Breathing)

9. Fazendo Piruetas
(Cartwheels)

10. Subindo E Descendo Escada
(Upstairs And Downstairs)

Num Dia De Chuva
(On A Cloudy Day)

Num Dia De Sol
(On A Sunny Day)

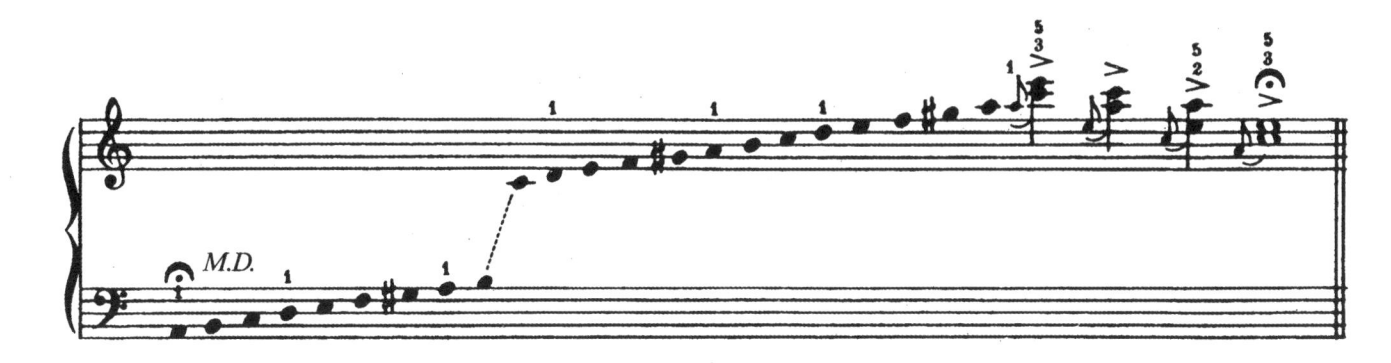

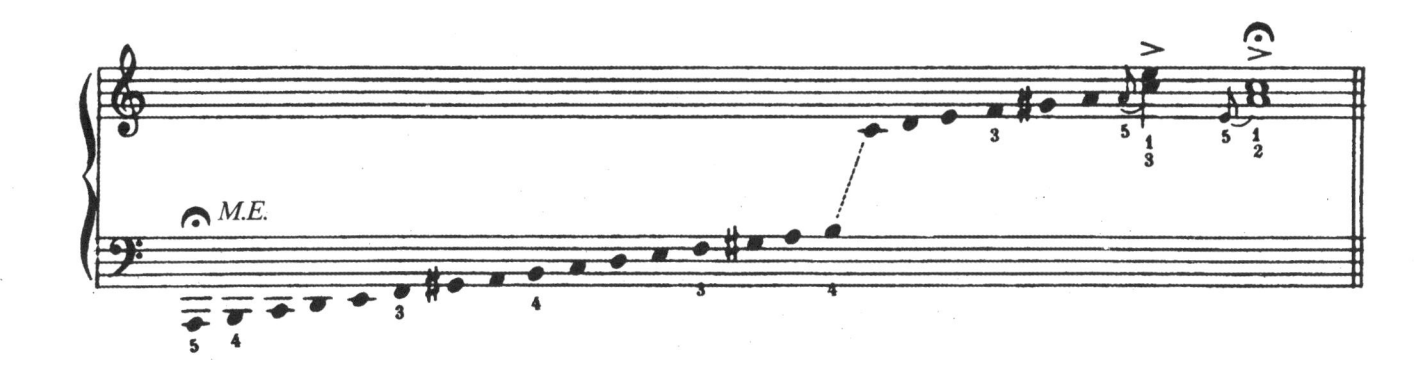

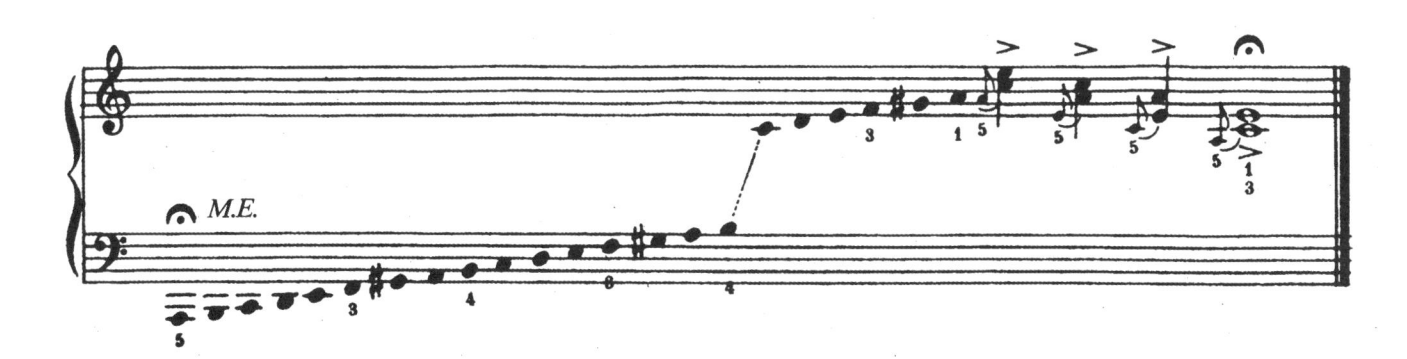

11. No Boliche
(Bowling)

12. Agora Estou Pronto Pra Tocar Vamos A Aula Começar
(Fit As A Fiddle And Ready To Go)

Grupo V
1. Respirando Fundo
(Deep Breathing)

2. Saltando Obstáculos "C" "E" e "G"
(Jumping Hurdles "C" "E" And "G")

(Diga em voz alta os nomes dos obstáculos quando for saltar cada um.)
(Say name of hurdles aloud as you jump each one.)

3. Subindo E Descendo Escada
(Going Upstairs And Downstairs)

De 2 em 2 degraus

De 3 em 3 degraus

De 4 em 4 degraus

4. Andando De Pernas De Pau
(Walking On Stilts)

5. Saltos Longos
(Big Jumps)

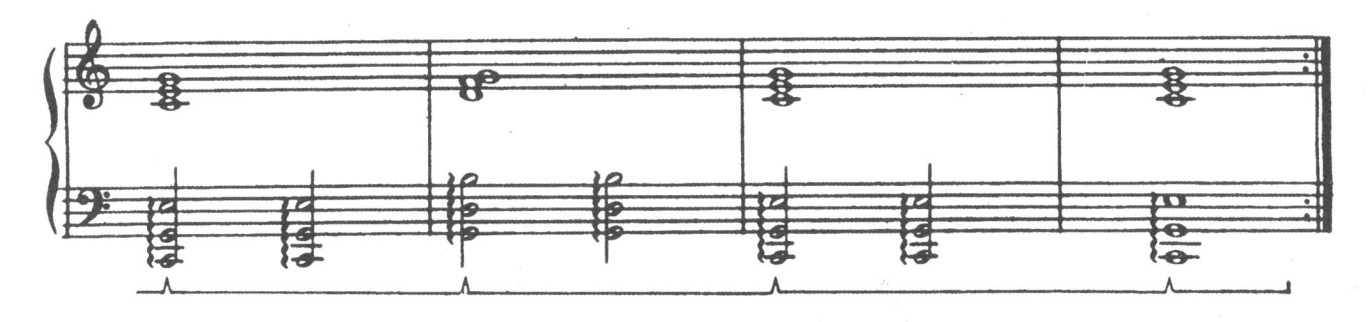

6. Jogando Bilboquê
(Tether Ball)

7. Chutando Pro Alto
(High Kicking)

8. Seguindo O Líder
(Follow The Leader)

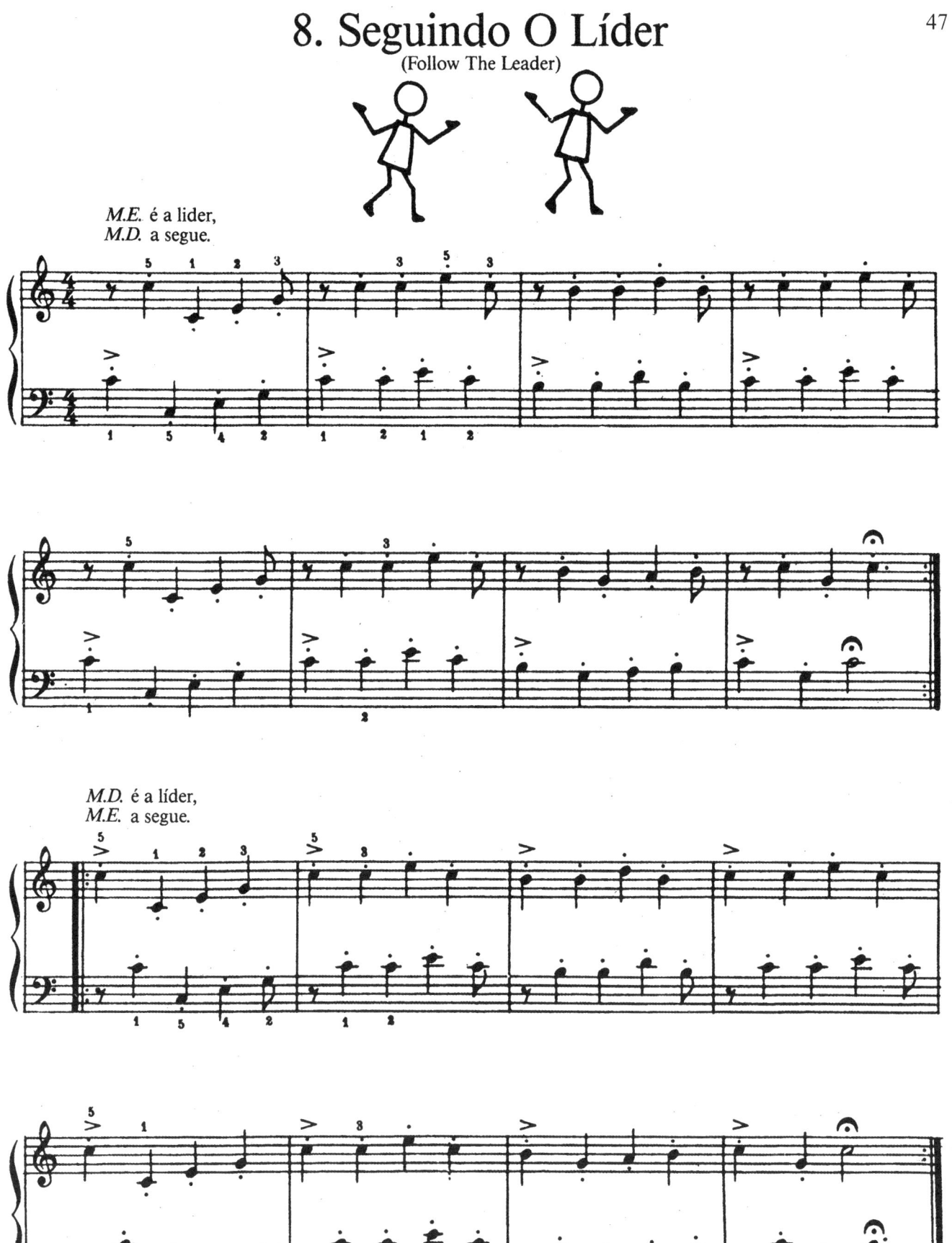

M.E. é a líder,
M.D. a segue.

M.D. é a líder,
M.E. a segue.

9. Salto Mortal
(Tumbling)

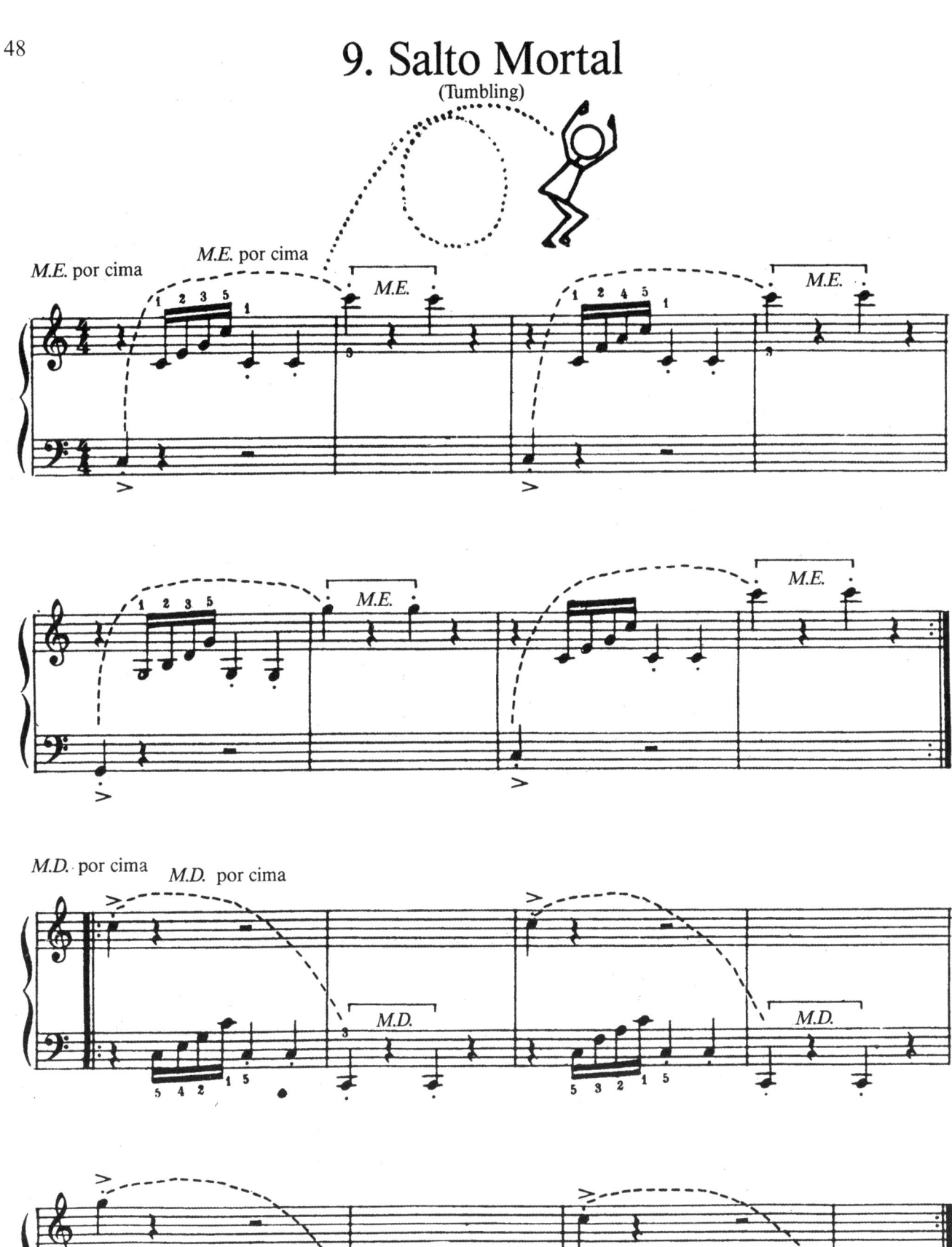

10. Balançando No Trapézio De Argolas
(Mas Andando)
(Swinging On Rings And Walking)

11. Esqui Aquático
(Water Skiing)

12. Agora Estou Pronto Pra Tocar
Vamos A Aula Começar
(Fit As A Fiddle And Ready To Go)